शब्दों का देश

[कविता-संग्रह]

शब्दों का देश

राकेश मिश्र

राधाकृष्ण प्रकाशन

ISBN : 978-93-91950-07-1

शब्दों का देश

पहला संस्करण : 2021

मूल्य : ₹695

प्रकाशक

राधाकृष्ण प्रकाशन प्राइवेट लिमिटेड
जी-17, जगतपुरी, दिल्ली-110 051

शाखाएँ : अशोक राजपथ, साइंस कॉलेज के सामने, पटना-800 006
पहली मंजिल, दरबारी बिल्डिंग, महात्मा गांधी मार्ग, प्रयागराज-211 001
36 ए, शेक्सपियर सरणी, कोलकाता-700 017

वेबसाइट : www.radhakrishnaprakashan.com
ई-मेल : info@radhakrishnaprakashan.com

मुद्रक : बी.के. ऑफसेट
नवीन शाहदरा, दिल्ली-110 032

SHABDON KA DESH

Poems by Rakesh Mishra

सहोदरों

महोदय जी, बेबी, चुन्नू को

क्रम

उन्हीं के पास 13
बातें 14
कहो 15
आना 16
ये धरती 17
आज फिर 18
बँटा हुआ 19
मेरी धरती 20
तुम्हारा जाना 21
तेरा-मेरा 22
मेरी छोड़ो 23
सपनों में 24
जंगल-1 25
जंगल-2 26
जंगल-3 27
जंगल-4 28
जंगल-5 29
जीवन-नदी 30
हर कविता 31
कविता-किताबें 32
रहने दो 33
अनन्त है 34
बड़ा होना-1 35
बड़ा होना-2 36
तुम हँसी थीं 37
महानगर 38

रिश्ते	39
प्रेम-1	40
प्रेम-2	41
कर्ज	42
दाढ़ी	43
भूख-1	44
भूख-2	45
झूठ था	46
साँप-1	47
साँप-2	48
पुष्प-प्रदर्शनी	49
मृत्यु-1	50
मृत्यु-2	51
मृत्यु-3	52
मृत्यु-4	53
अँधेरे की कविता	54
भूल गया	55
सपने-1	56
सपने-2	57
उदासी	59
तो क्या	60
यात्रा में	61
सड़क का कुत्ता	62
देह गंध	63
जब नहीं होऊँगा	64
शब्दों का देश	65
निरीहता	66
अँधेरा	67
परछाइयाँ	68
गर्दनें	69
प्रश्न	70
अभी	71
नन्हे बादल	72
देह-1	73

देह-2 74
कितना जियोगे 75
आँसू 76
अच्छाइयाँ 77
हड्डियों के पुल 78
भाव 79
शक्लें-दीवालें 80
मेरा घर 81
कथा 82
इन्तजार 83
सोचता हूँ 84
शाम 85
एक उदास कविता 86
स्मृतियों में कविता 87
शिलालेख 88
दुख 89
मेरा गाँव 90
बारिश 92
अलार्म घड़ियाँ 93
उसका प्रेम 94
प्यार में 95
बकरियाँ 96
याद 97
चीर-घर 98
पहला तिनका 100
वस्तुएँ 101
दर्द 102
बहुत कुछ 103
मेरा नाम 105
आज रात-1 106
आज रात-2 107
क्वार में 108
एक अधूरा प्रेम-पत्र 109
परिन्दे 111

सन्नाटा 112
विसर्जन 114
अनिश्चितताएँ 115
सुबह 116
सहज नहीं रहते 117
हथियार 118
नन्हा अजगर 119
खिलौना 121
उम्मीदें-1 122
उम्मीदें-2 123
यादें-1 124
यादें-2 125
नासमझ मैं 126
पकना 127
लड़कियाँ 128
बारिश में गिरते घर 129
तख्ती 130
कसाई का घर 131
अधूरापन 132
जो निराशा 133
कितने जीवन 134
प्यार 135
बेंचें 136
अन्त 138
प्रेमिकाएँ 139
समुद्र 140
प्रेम का दायरा 141
ढाँचा 142
लड़ाई 143
मरना 144
पीले पत्ते 145
हत्यारे 146
घर-वापसी 147
दुखी मत होना कवि 149

पानी में रंग	150
रास्ते	151
सप्ताहान्त	153
रात-भर	154
उदासी	155
जीना	157
उस शाम	158
रात के पिछले पहर	160
प्रेम करते हो	162
शब्द	164
कई बार	165
नवम्बर के दिन	166
आश्चर्य है	168
प्रथम प्रेम	169
देवों के देश में	171
अवकाश	173
आत्महत्या	175
आज फिर	177
स्पर्श	179
जलते हुए पेड़	180
चाँद	181
एक ही समय	182
भागते हुए	183
नौसिखिए	185
मुझसे पहले	187
साइकिल	189
नई बातें	191
पूछना	192
मुझे शब्द चाहिए	193
शिव	196
अन्तिम सन्देश	197
शहर	199
देह	201
रैन बसेरा	202

प्रतीक्षा 204
यात्रा-मार्ग 205
बात 206
स्त्रियाँ 207
निजता 209
हिसाब 210
अनुपयुक्त 211
प्रेम यात्राएँ 212
घोड़ा 214
प्रेम 215
दरअसल 216

उन्हीं के पास

उन्हीं के पास है
मेरी ठोकरों का हिसाब
जो सोचते हैं
मैं गिरूँगा एक दिन
वही रखते हैं
मेरी नींदों की लॉग-बुक
जो डरते हैं
मेरे सपनों से
मेरी चुप्पियों को
मेरा गूँगापन समझनेवाले
अनजान हैं,
मेरे आसपास की
मुखरता से।

बातें

बातें
अपना पता जानती हैं
चौराहे पहचानती हैं
बातें
यदि नजरबन्द हों
तो भी
इतिहास
बदलना जानती हैं।

कहो

कहो
तभी कहना आएगा
कहो
तभी सुनेंगे लोग
कहो
क्योंकि रोकनी हैं अफवाहें
कहो
ताकि लोग बाहर निकलें
कहो
ताकि सुनना न भूल जाएँ लोग
कहो
ताकि चौपालें चलती रहें।

आना

आना
रात के सुकून
सुबह की जल्दी के बीच
आना
जंगल की हवा
धौंकती साँसों के बीच
आना
सिमटते तारों
फैलते आसमान के बीच
आना
खाली शहरों
भीड़ भरे गाँवों के बीच
जरूर आना।

ये धरती

ये धरती
रहने के लायक नहीं
जब तक
लोग पेट के लिए
जीते रहेंगे।

आज फिर

आज फिर
फूलों ने
खिलने के लिए
समर्थन माँगा
आज फिर
मुँडेर ने
कौवे से
किरायेदारी तय की
आज फिर
पेड़ों ने
पतझड़ के लिए
शोकसभा की
आज फिर
चिड़ियों ने
भोर की अवहेलना की
आज फिर
मैंने
जीने के लिए
शर्त रखी
आज फिर
मैंने
मरने से मना किया।

बँटा हुआ

जो
मेरे अन्दर था
वही
मेरे बाहर था
लड़ता रहा मैं
जो
नहीं था
कहीं भी
मेरी कल्पनाओं में
मुखरित होता रहा
जन्म-जन्मान्तर
मैंने जिया
जिसे
वह जीवन
बँटा हुआ था।

मेरी धरती

मेरी
धरती
मोरपंख जैसी
मेरे
सपने
हिरन जैसे
मेरे दोस्त
जैसे रंगीन कंचे
पारदर्शी।

तुम्हारा जाना

तुम्हारा
चले जाना
अचानक ही
नि:संकेत
वही खुशबू के गलियारे थे
हवा की परतों में
थोड़ी देर तक
धूल वैसी ही रही
नि:शब्द श्वेताकार
थोड़ी देर तक
मैं लौटना चाहता था
पर नहीं खुले
स्मृति-रन्ध्र
मैं खड़ा ही रहा।

तेरा-मेरा

तेरा-मेरा
रूप अलग है
सुख एक है
तेरा-मेरा
कारण अलग है
दुख एक है
तेरे-मेरे
शहर अलग हैं
इन्तजार एक है
तेरी-मेरी
आँखें अलग हैं
दृश्य एक है
तेरा-मेरा
चेहरा अलग है
भाव एक है
तेरी-मेरी
कारा अलग है
अपराध एक है।

मेरी छोड़ो

मेरी छोड़ो
यहाँ
पशुओं को भी
मयस्सर नहीं
उनके हिस्से का जीवन
मैं लिखता रहूँगा
कविताएँ
मुझे सन्देह है
मेरी कविताएँ
उजाला देंगी
मेरे हिस्से के जीवन को
मैं
जीता रहूँगा
अवैध जीवन।

सपनों में

सपनों में
जीना ही पड़ा
जाग कर तो
पूरी नहीं होती जिन्दगी
सपनों में
चलना ही पड़ा
होश में तो
पूरी नहीं होती यात्राएँ
सपनों में
करनी ही पड़ी चर्चा
बैठकों में तो
अधूरे ही रहे विमर्श।

जंगल-1

जेब्रा
कैसे आसानी से
मर गया
जैसे प्रस्तुत था
शेर के लिए
निर्विरोध
शान्त
मौत शान्त होती है
अगर खड़े हों
अपने पैरों पर
सम्मुख
जेब्रा समझता है
अपरिहार्यता
क्या मैं जानता हूँ
रहना है
निर्विरोध
शान्त
मौत के सम्मुख
यदि पानी है जीत
अन्ततः।

जंगल-2

जंगल में
हिरन की हर सुबह
नई होती है
शेरों का झुंड
रोज निकलता है
शिकार में।

जंगल-3

बादल के फाहों से
रोयेंदार
सिंह शावक भूखे हैं
अब मरना ही होगा
भोज्य शृंखला के अन्तिम
असावधान को।

जंगल-4

कोई फर्क नहीं
जंगल और देश में
सिवाय इसके कि
जंगल जानता है
कौन मरेगा
किसके हाथ
और देश में
हत्यारे खोजने का
कानून है।

जंगल-5

तब भी
मरते हैं हिरन
जब जंगल में
बसन्त होता है।

जीवन-नदी

जीवन की नदी में
फूल बह गए
नावें बह गईं
पानी बह गया
मैं क्यों खड़ा हूँ
तुम्हारी यादों के
रेतीले घाट पर।

हर कविता

हर कविता
एक मोती होती है
हर कविता
बनती है
मोती की तरह
आत्मरक्षार्थ
हर कविता
मानवीय चेतना में मौजूद
घुसपैठियों के विरुद्ध
एक सार्थक
सुरक्षा-पंक्ति है।

कविता-किताबें

रखो
कुछ कविता-किताबें
घर में
हर रोज आएँगे
तुमसे मिलने
कुछ शब्द, कुछ सपने
कुछ रंग, कुछ रास्ते
कुछ बादल, कुछ पंछी
हर रोज आएँगे।

रहने दो

रहने दो
मन को मन में
देह को देह में
मन में देह
देह में मन
एक असम्भव यात्रा है।

अनन्त है

अनन्त है
जीवन
शायद!
अन्त भी अनन्त है
अनन्त है
अन्धकार
शायद!
प्रकाश भी अनन्त है
अनन्त है
अज्ञान
शायद!
ज्ञान भी अनन्त है
अनन्त है
भाव
शायद!
निर्भाव भी अनन्त है
अनन्त है
राग
शायद!
मौन भी अनन्त है।

बड़ा होना-1

कोई बड़ी बात नहीं
बड़ा होना
बड़ा होने के लिए
चढ़नी पड़ती हैं
ऊँचाइयाँ
और रोकना पड़ता है
उनको जो
चढ़ना चाहते हैं।

बड़ा होना-2

बड़ा होना
पहाड़ होते जाना है
सभी परिचय के विरुद्ध
लगातार बर्फ होना है
ऊँचाइयों के साथ
बड़ा होना।

तुम हँसी थीं

तुम हँसी थीं
तभी हुई थी
सुबह
पुष्पदलों से टपक उठी थीं
ओस बूँदें
तुम हँसी थीं
तभी झरने लगा था
हरसिंगार
मेरी नेह की चादर में
तुम हँसी थीं
तभी सार्थक हो उठा था
मेरा स्पन्दन
तुम हँसी थीं।

महानगर

इन्हीं भव्य इमारतों में
जिन्दा दफन है
पहाड़ का अन्तस
नदी की आत्मा
वृक्षों का बसन्त
और
मजदूर की दिहाड़ी।

रिश्ते

रिश्ते
उम्र की तरह
पुराने होते कुर्ते की गिरह जैसे
दरक जाते हैं
अपने ही बोझ से
विस्मृत होती जाती है
एक असहाय चीख।

प्रेम-1

जब तुमने कहा
सब कुछ छोड़ देना है
मुझे समझ लेना चाहिए था
तुम प्रेम में हो
मैं, ईश्वर, यह सृष्टि
और स्वयं तुम
प्रेम
कुछ भी रहने नहीं देता।

प्रेम-2

अचर्चित प्रेम ही
जीता है
जन्म-जन्मान्तर
प्रेम की चर्चा से
अकाल मरते हैं
प्रेमी
प्रेम में शब्द ही
असगुन हैं
चुप ही
शुभ-यात्रा है
प्रेम की।

कर्ज

कविता का पूरा होना
कर्ज उतरने जैसा है
दुनिया के सारे कवि
सबसे खराब देनदार हैं।

दाढ़ी

रोज
बढ़ जाती हैं
वृक्षों की कोंपलें
घास की फुनगियाँ
उत्तर का पहाड़
और
मेरी दाढ़ी
मेरा शेव करना
रोज
गहरा कर देता है
मेरा विश्वास
कि
मैं जीवित हूँ।

भूख-1

भूख
मिटा लेती है
खुद को
छिलकों से
पत्तों से
सूरज की किरणें भी
कभी सुस्वादु लगती हैं
मीठा पानी भी
पर्याप्त शर्करा रखता है
मीठी बातें
भ्रम भी
मिटा देता है
भूख
यदि इन सबसे भी
नहीं मरती है
भूख
तो कभी-कभी
खुद की अँतड़ियाँ चबाकर ही
खतम होती है।

भूख-2

भूख
नहीं सुनती चीख
वह
केवल मिटना जानती है
भूख
नहीं देखती बेबसी
उसे
सन्तुष्ट होना होता है।

झूठ था

झूठ था
जब पिता हार गए थे
पंजा-लड़ाई
और मैंने लड़ना सीख लिया
जिन्दगी से
झूठ था
जब मेरा बिलियर्ड कोच
हार गया अन्तिम अंक
और मुझे जीतना आ गया
झूठ था
जब उसने कहा
किसी और से प्रेम करती है
और खत्म हो गया था
मेरा ठहराव
मैं सोचता हूँ
पहला झूठ
माँ ने बोला होगा
जब कहा होगा
देखो!
ये चला अपने पैरों पर
और मुझे चलना आ गया।

साँप-1

साँप
मनुष्य ही होंगे
अपनी योनि में
पर साँपों के सपने
मनुष्यों जैसे नहीं होते होंगे
अक्सर आते हैं
साँप
मनुष्यों के सपने में
पर साँपों के सपने
कदाचित मुक्त होंगे
मनुष्यों से।

साँप-2

साँपों को
नहीं पता
वो विषधर हैं
मर जाता है
मनुष्य
उनके काटने से
साँपों को
यह भी नहीं पता कि
क्यों हो रही हैं
हत्याएँ।

पुष्प-प्रदर्शनी

फूल भी
जीतते-हारते हैं
प्रथम-द्वितीय-तृतीय
ईश्वर भी होता होगा
कम सुन्दर, सुन्दर, अति सुन्दर।

मृत्यु-1

देह के
पीड़ा-संसार से दूर
सतरंगी लोकों की
अनंत
स्वप्न-यात्रा होती होगी
मृत्यु।

मृत्यु-2

पीपल के लाल पत्ते
लॉन में सुर्ख गुलाब
नदी की कलकल लहर
खेत की महकती फसल
सुबह का मलयागिरि पवन
कितने विकल्प देती है
मृत्यु।

मृत्यु-3

हम तैयार नहीं होते
मृत्यु के लिए
जबकि विशद होती हैं
मृत्यु की तैयारियाँ
जीवन रक्षा उपकरण के सहारे
कभी जीते नहीं हम
शरीर का हर अंग
मृत्यु का एजेंट है
मृत्यु की ओर खड़ा मिलता है
अन्ततः
अन्त में सबको
अपनी ओर मिला लेती है
मृत्यु
जीवन
मृत्यु से मिला समय है
किसी को बचा नहीं पाती
हमारी खैर-ख्वाही
हम कितना भी डरें
मर के रहता है
हर मरने वाला!

मृत्यु-4

मृत्यु
शब्द नहीं
क्षेत्र है।
उम्मीद के सीमान्त पर
सर्वदा उपस्थित रहती है।
आश्चर्य चिरंजीवी है
मृत्यु के रहते
जीवन हिसाब से है
मृत्यु बेहिसाब है।
मृत्यु नहीं दिखती
मरे लोग दिखते हैं
दिखता नहीं
जो भी कुछ भी
उसके जैसी होती है
मृत्यु।

अँधेरे की कविता

बासी खाना भी
किसी न किसी की
भूख मिटाता है
सड़ा मांस भी
कोई न कोई
खा जाता है
अँधेरों का इन्तजार
कइयों को रहता है
अँधेरा
किसी न किसी को
खाता है
रोशनी के झरोखे
हर ओर हों
जरूरी नहीं
अँधेरा
अपनी जगह ही
आता है।

भूल गया

मैं
भूल गया
तुमको
जैसे
शाम भूल जाती है
दिन
नाव भूल जाती है
मुसाफिर
लहरें भूल जाती हैं
हवा
तर्क भूल जाता है
तकलीफ।

सपने-1

सपने ही
जगाकर रखते हैं
जीवन की अलख
वरना
आदमी
कब का मर गया होता
नींद में।

सपने-2

एक देह है
गिनती के दिन हैं
देह ढोती है
दिन के सपने
मजदूर की तरह
सुबह से मिलते हैं
सपने दिन को
शाम में खो जाते हैं
बेवजह
शाम का एक ही सपना है
सुबह से मिलना
दोनों का एक रंग है
शाम के खोये सपने
रात को ढोता है मन
नींद के पंखों पर सवार
अनगिन होते जाते हैं
पहाड़ी कन्दराओं से उल्काओं तक
चलते उड़ते रहते हैं
परिचित-अपरिचित राहों पर
कुछ अपने कुछ पराए सपने
रात के आधी अमावस
आधी पूर्णिमा जैसे सपने
सँभलते नहीं सुबह से
सुबह ओस कणों में झलकते हैं
सपनों के धूल-धूसरित पाँव
सूरज रोज रखता है

नये तप्त स्वप्न प्रस्ताव
दिन के सामने
सुबह और शाम
देह के पुल पर मिलते हैं
खोए हुए सपनों को
ढूँढ़ते-ढूँढ़ते
अलग अस्तित्व चाहते हैं दोनों
उनके सपने
दिन और रात से परे
स्वाधीन होना चाहते हैं।

उदासी

उदासी
कभी-कभी आती है
सोलह श्रृंगार किए
चिरपरिचित अनौपचारिकता के साथ
पुरानी दोस्त है
बेरुखी भी ठीक नहीं
गले मिलूँ तो
खो जाने का भय है।

तो क्या

तो क्या!
यदि जीते हैं
देह में
फूल
क्या रंग और गंध हैं!
पंछी
क्या पंख और आसमान हैं!
वृक्ष
क्या तने और हरियाली हैं!
धरती
क्या गति और मृत्यु है!
मात्र!

यात्रा में

यात्रा में
अकेला आदमी
हमेशा नहीं होता है
इन्तजार में
मंजिलें अक्सर
इन्तजार करती हैं
अकेले मुसाफिरों का।

सड़क का कुत्ता

सड़क का कुत्ता
दिन में कई बार
सूँघता है
वह जमीन
जहाँ खाना मिला था
पिछले दिन
सड़क का कुत्ता
हर रोज
साधता है
साम्यावस्था
भोजन और भूख की।

देह गंध

नई किताबों-सी
तुम्हारी देह-गंध
समय के साथ
किताबों के
धूसर पन्नों-से
धूल-सी लिपटी है
जिन्हें छूते ही
महक उठते हैं
उँगली-पोर।

जब नहीं होऊँगा

जब
नहीं होऊँगा मैं
तब भी
लड़ रहा होऊँगा
वही लड़ाइयाँ
जो नहीं लड़ पाया
यहाँ
क्योंकि तब भी
जरूरी होंगे
हरे पेड़
चटक फूल
साफ नदी
और
पारदर्शी आसमान।

शब्दों का देश

शब्दों का देश
परियों का देश नहीं
यहाँ मिल जाएँगे
देवदूतों के वेश में
सौदागर
शब्दों का देश
प्रजा का देश नहीं
यहाँ मिल जाएँगे
शब्दों से सत्ता साधते
तानाशाह
शब्दों का देश
शुचिताओं का देश नहीं
यहाँ मिल जाएँगे
तंगदिल अनुदार
साथी
शब्दों का देश
नीर-क्षीर विवेक का देश नहीं
यहाँ मिल जाएँगे
कुंठित-कुंद-विवेक
मंचस्थ
शब्दों का देश
सूरज का देश नहीं
यहाँ मिल जाएँगे
अपने अँधेरों में सुखी
मतिभ्रम।

निरीहता

मुझे पता है
निरीहता
आएगी
एक दिन
मेरे द्वार
एक बड़ा
प्रस्ताव लिये!

अँधेरा

अँधेरे में
टटोली गई हर चीज
एक पूर्वाभ्यास है
हमारी प्रगतिशील
दृष्टिहीनता के सापेक्ष
इस बात के भी कि
प्रकाश
हर जगह
हर समय
नहीं रहनेवाला।

परछाइयाँ

परछाइयाँ
कहीं ज्यादा सार्थक
संकेत होती हैं
मूल से भी ज्यादा
व्यथा होती है
उनमें।

गर्दनें

गर्दनें
प्रेम का निरापद स्थान हैं
गर्दनें नहीं होतीं तो
प्रेमी कहाँ जाते
गर्दनें नहीं होतीं तो
फाँसी भी कैसे होती
गर्दनें नहीं होतीं तो
शेर भी कहाँ होता
गर्दनें नहीं होतीं तो
जंगल भी नहीं होते
गर्दनें नहीं होतीं तो
ये धरती तो होती ही नहीं।

प्रश्न

प्रश्न
यह नहीं
कि जिन्दगी में सुन्दर है
कितना-कुछ
प्रश्न
यह है कि
हमने
जिन्दगी में बनाया है
क्या-कुछ
सुन्दर।

अभी

अभी
छलका है
मुस्कान का सुगन्धित कटोरा
उसके चेहरे से
अभी समय है
हवा के शुष्क होने में
अभी
देखी है
दर्द की एक बसावट
उसके चेहरे पर
अभी
कुछ दिनों तक
और नहीं पढ़ना
अभी
रोया है
फूट-फूटकर
वह आदमी
अभी
समय है
दुनिया को सभ्य होने में।

नन्हे बादल

काले-भूरे बादलों के
नन्हे दल
जब गुजरते हैं
उजाड़ वनों से
तब सूखते पेड़ों की
चटकती शिराएँ
थोड़ी नम हो जाती हैं
खून का रिश्ता है
आखिर।

देह-1

मेरी देह
छूती है
तुम्हारी देह
जैसे कसाई छूता है
मांस
ठीहे पर
जैसे रेल छूती है
पटरियाँ
गति में।

देह-2

देह
कार्बनिक है
आग पहचानती है
एक पीपल लगाना
मेरी राख पर
बड़ा होकर
रहना चाहता हूँ
चिड़ियों के पास
सीखना चाहता हूँ
उनकी भाषा
गाना चाहता हूँ
उनके गीत
हर शाम
उनकी सकुशल वापसी की
प्रतीक्षा में रहना चाहता हूँ
एक नई सुबह
एक नये गीत के लिए।

कितना जियोगे

अभी
कितना जियोगे!
पूछता है
हर जीवित आदमी से
मरा हुआ आदमी।

आँसू

मन
हमेशा भर लेता है
कटोरा
आँसुओं से
आँखें
तो केवल
अतिरिक्त ही बहाती हैं।

अच्छाइयाँ

सच्चाई निकेतनों से
भागी
अच्छाइयाँ
लहरों में गहरे
डूब गईं
उतराएँगी जब कभी
तो फिर
लूटी जाएँगी
अच्छाइयाँ
लुटेरों के सीने को
सजाएँगी
इनाम पाएँगी
अपनाई नहीं जाएँगी
फिर से
खूँटियों पर
टाँग दी जाएँगी
सन्दूकों में
सुरक्षित की जाएँगी
अच्छाइयाँ।

हड्डियों के पुल

पहले
रूप ही गलता है
समय की पतीली में
हड्डियों के पुल तो
सदियाँ गुजरने का
इन्तजार करते हैं।

भाव

भाव
मन्दिरों में मूर्ति बनकर
भगवान हो गए
भाव
दुर्गम राहों पर चलकर
तीर्थ बन गए
भाव
घर से निकलकर
बुद्ध बन गए
भाव
प्रार्थना में रहकर
चिड़ियों के गीत बन गए।

शक्लें-दीवालें

मुश्किल होता है
झाँकना
शक्ल और दीवाल में
मुश्किल होता है
देखना
अदृश्य को
नंगी आँखों से
शक्ल और दीवालें
सम्भव करती हैं
अदृश्य
पर अदृश्य के
हर आवरण पर
गूँजते हैं
समय के निशान
धीमे-धीमे
झड़ जाती हैं
शक्लें-दीवालें

मेरा घर

मेरा
परायापन भी
अपनाता नहीं
मेरा घर
मेरा घर भी
कितना
अकेले में रहता है।

कथा

कहूँगा
मैं
एक दिन
दुख की कथा
सतरंगी
सघन
सुख जैसी।

इन्तजार

इन्तजार से है
पत्थर
दुख से है
समुद्र।

सोचता हूँ

मुझे देखती हो
जब तुम तो
जैसे एक ठंडी
मद्धम लहर
छू लेती है
किनारे की रेत
और जैसे
गीला हो चला हो
रेत का थोड़ा हिस्सा
कण-कण में लुप्त हो रही
नमी
जैसे चेतना का प्रवाह
भेदता हुआ रेत का गीलापन
खो गया हो
लहर के साथ ही
मैं सोचता हूँ।

शाम

कॉलेज की विदाई पार्टी में
लड़कियों-सी सुन्दर
लड़कों-सी उदास
शाम
ठहर गई है
इन्तजार में
मैं चाहता हूँ
थोड़ी देर टले
रात का अँधेरा
अभी उत्कंठित है
मन की देहरी
रह-रह कर
बज उठती है
साँकल
नहीं पता
किसे आना है।

एक उदास कविता

अस्पताल के बिस्तर पर
उसे इन्तजार है
अपनों का
दवा और फल से ज्यादा
कोई अपना जो लाँघकर
गाँव की गरीबी
शहर का जाम
थाम ले काँपते हाथ
और खुल जाए
आँसुओं की गठरी
खट्टी-मीठी
कोई अपना
जिसकी स्मृतियाँ ही
उजास हैं
मृत्यु की अँधेरी सड़क पर।

स्मृतियों में कविता

शब्द
जब स्मृतियों में बसे थे
कविता नहीं उतरी थी
कागज पर
धरती पेड़ों से लदी थी
अब स्मृतियाँ आक्रान्त हैं
चारों ओर हैं
शब्द
खत्म हो चुके पेड़
स्मृतियों से कविता
यह समय है
धरती पर
पेड़ों के लौटने का।

शिलालेख

धरती के शिलालेख
भय के दस्तावेज हैं
समय की किताब तो
पृष्ठ विहीन है।

दुख

दुख
प्रार्थना में जुड़े हाथों से
नि:सृत होकर
सींचता है
आँखों की रेत
दुख
जब पोषित करता है
अपना ही उद्गम
तब बहुत निर्दोष होता है।

मेरा गाँव

मेरा गाँव
कल सीवाने पर ही मिल गया
बूढ़ा हो चला है
शिकायतें करने लगा
मेड़ों
रास्तों
सरकारों की
मुझे मेरे पिता के नाम से
पहचानता है
परेशान था
बेटे को हार्निया की बीमारी हो गई है
चल-फिर नहीं सकता
बहू बात-बात में
ट्रेन से कटने का जिक्र करती है
चारों पोतियाँ
कुपोषित नवयौवन के द्वार खड़ी हैं
उनकी आँखें
स्याह झील की तरह
अपारदर्शी
सपनों का श्मशान बन चुकी हैं
किसी उम्मीद की जल्दबाजी में
नहीं दीखता
मेरा बूढ़ा गाँव
देर रात लौटते हुए

सोचता हूँ
मेरी स्मृतियों में बसा गाँव
आखिर कब तक
मुझे याद रखेगा।

बारिश

मोर के पंखों पर
मछली की आँखों में होती है
बारिश
गाँव की पगडंडियों से होती हुई
सावाँ के खेतों में
छप-छप सैया पर
लेटी रहती है
बारिश
मोथा के गाँठों से रिसकर
घसियारिनों के स्वेदांगों में
धरती का अनुपम इत्र होती है
बारिश
धूप के कैनवस पर
स्वेत रेखाचित्र
रात के कानों में
शीतल शोर है
बारिश
मुझे दौड़ाकर पकड़ लेती है
मेरे बचपन की दोस्त है
बारिश।

अलार्म घड़ियाँ

हर सुबह
भाड़े पर हत्या करती हैं
अलार्म घड़ियाँ
सपनों की।

उसका प्रेम

कसाई के छुरे जैसा
अचूक प्रेम है
उसका
तराजू पर जिन्दा मछली की
व्याकुलता है
उसमें
एक प्रेम ही है
उसका
जो अधीर है
मारने-मरने के लिए।

प्यार में

मुझे प्यार था
उससे
उसके पैरों को देखा
धूल से नहाए
साँवले पैरों पर
हवाई चप्पलों की सफेद धारी थी
पाँवों में काला धागा बँधा था
यह सच है
प्यार में पहली नजर
पाँवों को ही लगती है।

बकरियाँ

तुमने देखा है!
बकरियों को मिमियाते हुए
वो आँखों का कातर भाव
बधिक के पाँवों के नीचे
वह लज्जत
गरम मसाले की
और गहरी तन्द्रा
एक अँगड़ाई होती है
मांस में
तुम्हें देखनी चाहिए।

याद

वो
याद आती है
मेरी दवाओं की तरह
जिनसे
मैं ठीक हो गया था।

चीर-घर

चीर-घर के
सफेद संगमरमर चबूतरे पर पड़ी
लाशें
नाम की जगह
नम्बर हो चुकी हैं
आदमी लाइन में लगा है
मरने के बाद भी
बाहर इन्तजार करते लोगों की
उम्मीदें सचमुच टूट चुकी हैं
उन्हें मालूम होता रहेगा
उम्र-भर
उम्मीदों के टूटने का दर्द
हर खुशगवार मौसम में
चीर-घर की लाइन में
लगी लाशें
कहती हैं
उन्हें मरना ही था शायद!
उन्हें तैयार करना था
दूसरों को
मरने के लिए
आदमी
मरकर भी
जिन्दा रहता है
अपनों की उम्मीदों में

टूटती उम्मीदों में
फिर से टुकड़ा-टुकड़ा
मरता रहता है
मरा हुआ आदमी।

पहला तिनका

अभी
चिड़िया ने चुना है
पहला तिनका
घोंसले के लिए
यह समय नहीं है
निराश होने का।

वस्तुएँ

वस्तुएँ
जन्मती हैं
पलती-बढ़ती हैं
भोग के लायक बनती हैं
एक कष्ट-यात्रा होती है
वस्तुओं की
भोगा जाना अन्ततः
अन्तिम कष्ट होता है।

दर्द

दर्द है उसमें
पर शिराएँ पत्थर की हैं
सूखे फूलों की गंध से
महक उठती है
देह की मिट्टी
साकार एका है
भाव-रूप का
प्रेम का देवत्व है
उसमें।

बहुत कुछ

बहुत कुछ अनदेखा
अनजिया
अतीत हो रहा है
हर क्षण
जगत के विकल्पों से चकित मन
थककर भी रुकने को तैयार नहीं
स्थूल की जागतिक यात्राओं के
अशान्त रास्ते हैं
कितनी आवाजें करुणामयी
अनसुनी रह गईं
कितने नेह निमंत्रण
कुम्हला गए हैं
कविता कारोबार है
भाव और दृष्टि का
सब कुछ देख कर भी
कुछ नहीं कर पाए
दुनिया भर के कवि
कर्म से कमतर हुई
कविता यहाँ आकर
चेतना भर जगत
जल की बूँद सा
घुलता रिसता उड़ जाता है
कोशिशें
अहर्निश शून्य होती रहती हैं
जीने के लिए
शून्य को पकड़ना था

सबसे पहले
पर मन के रास्ते भी
सार्वजनिक हैं
दुर्गम हैं
बिलकुल पास होकर भी
मन की भावातीत शृंखलाएँ
बेमतलब है प्रतीक्षा
दोहराव की
बदलते इतिहास में
बहुत कुछ कबाड़ है
अनुभव के अहाते में
कम हैं
नई जगहें मन में
पुराने को हटाना
आसान नहीं।

मेरा नाम

तुमने लिया होगा
मेरा नाम
जब सुनने लायक नहीं था
कुछ भी
सुबह हो चुकी है पर
मैं सोया नहीं हूँ
रात भर
गन्दुम रंग में है
आकुल आकाश
ऋतु-जनित-भ्रम
मन का हिस्सा हैं
समझना बाकी है
उमस के बाद के प्रहर
हमेशा बरसात के नहीं होते।

आज रात-1

आज रात
सोना चाहता हूँ
सपनों भरी नींद
पर चाहता हूँ
सपनों में चाँद न हो
चाँद
एक सुन्दर छल है
सपनों में
चाँद को चाहना
नींदों को
स्वप्न बना देता है
हाँ, मैं चाहता हूँ
सपनों में आएँ
मेरी कविताओं के
खोए हुए बिम्ब
जिनकी चाह में
अक्सर
मैं रातों को
सोया नहीं।

आज रात-2

आज रात
तूफान और बारिश है
इस ठंड में
मेरा कमरा गर्म है
मैं सुरक्षित महसूस करता हूँ
फिर ध्यान आता है
इस रात भी
धरती चल रही है
और बहुत ठंड है
अन्तरिक्ष में
और धरती के ऊपर तो
छत भी नहीं
फिर मैं महसूस करता हूँ
कि मेरा कमरा, बिस्तर और मैं
बहुत ठंडे हो गए हैं।

क्वार में

क्वार की ठंडी बारिश में
साठी धान की
गदराई फसल
गिर पड़ी है
खेतों में
महकने लगी है
शाम
हवाएँ तेज हैं
देह भूखी है
मन उदास है
तुम्हारा आना भी
तय नहीं।

एक अधूरा प्रेम-पत्र

भूख के उस छोर पर बैठकर
जहाँ पके-अधपके का फर्क नहीं होता
तुम्हें प्रेम-पत्र लिखना चाहता हूँ
पत्र में एक पंख उसी पक्षी का है
जो उड़ते हुए मारा गया है
थोड़ा खून
बारीक मुलायम रोओं से चिपका हुआ
पहुँचेगा तुम्हारे पास
कुछ सवाल
उनके भी भेजूँगा
जिनका धरती पर आना-जाना
ठहर गया है
उनकी स्थिर सफेद आँखों में लिखे
साफ अक्षरों में
बहुत ज्यादा कीट हैं
धरती पर
कीटनाशकों से भी ज्यादा
दुनिया को कीटों से मुक्त होना है
कुछ नन्हे पंख और
भूरे-काले पाँव भी होंगे
पत्र में
उम्मीद है
पढ़ सकोगी
मैंने बहुत कोशिश की
तुम्हें भेजने की
तितली पंखों से झड़े

परागकण
अनगिनत रंगों की आभा
पर फूलों को भी प्रतीक्षा है
कीटों की
मैं जानता हूँ
यह पत्र कभी पूरा नहीं होगा
पर पढ़ना उसे भी
जो लिख नहीं पाया हूँ
जब तक तुम्हें यह मिलेगा
जलते जंगलों से अन्यमनस्क
दुनिया
कीटों-पक्षियों के जलते बसेरों से
दूर जा चुकी होगी
दूसरे पहाड़ों की ओर
तुम देख लेना वहीं से
जंगल के धुएँ में बनते-बिगड़ते
पक्षी युग्म
दावानल अचूक होते हैं
चूँकि पेड़ रातोंरात नहीं उगते
दोबारा बन नहीं सकेंगे
कीटों के घर
बेरोजगार होंगे
कीटनाशक संयंत्रों के लोग
और बहुत याद आएँगे
जलते हुए जंगल और कीट
जो उनमें रहते थे।

परिन्दे

तुम्हें लगता है
तुम सहारा हो
परिन्दों का
पर सच में
बहुत तकलीफ में
होते हैं वो
तुम्हारी हथेलियाँ
कभी
आसमान नहीं हो सकतीं
उनके लिए।

सन्नाटा

हवाओं का सनन्-सनन्
ऊँग-ऊँग शोर
दरअसल एक डरावने सन्नाटे का
शोर होता है
ढेरों कुर्सियों के बीच बैठा
अकेला आदमी
झुंड से बिछड़ा
अकेला पशु
आसानी से महसूस कर सकता है
इसके लिए सरल है
भेदना कपाल अस्थियाँ
रात के अँधेरे की चीखें
सन्नाटे को भेद नहीं सकतीं
गहरा देती हैं
हत्यारा
सन्नाटे से ही घेरता है
शिकार
सन्नाटा होता है
धरती के संकटों में
देवों का रुदन
कब्र के भीतर रखी चीजें भी
कम नहीं करतीं
अन्दर का सन्नाटा
सन्नाटा
युद्ध का असली हथियार है
युद्धक मशीनों का शोर

सन्नाटे का शोर होता है
जब हमें माननी पड़ती हैं
दूसरों की बातें
तब सन्नाटा ही होता है
हमारे बीच
बड़े-बड़े ध्वनि विस्तारक यंत्र
सन्नाटे की परतें बिछाते हैं
हमारी आवाज के चारों तरफ
सन्नाटे को कोई मार नहीं सकता
वह राजा है।

विसर्जन

जब सब कुछ होता है
हमारे पास
बारिश
अतिथि
पूजा
स्वस्ति वाचन
षोडश-मातृकाएँ
नवांकुरित यव
नवकुमारी
सभी विसर्जित होते हैं
पंचांग के अनुसार ही
सूना होता है
आसमान
बादलों के बिना
दूर तक
तब नवमी का आधा-अकेला
चन्द्रमा
डूब जाता है
उदासी की नीलिमा में।

[नवरात्रि विसर्जन]

अनिश्चितताएँ

माँ की कोख ही
जन्मती है
सवा इंच मुस्कान
तीन चौथाई दुख
और अन्तहीन अनिश्चितताएँ
एक निश्चित ब्रह्मांड में
कैसे सम्भव है
इतना अनिश्चित जीवन।

सुबह

सुबह
पत्तों की नोक से अटकी
ओस बूँदों में
तुम्हारा चेहरा था
यह मेरा भ्रम नहीं
तो और क्या है!
दोपहर
खड़ी धूप में
हथेलियों की ओट लेकर
तुम्हें याद करूँ
यह मेरा स्वप्न नहीं
तो और क्या है!
शाम को
डूबते सूरज के साथ
अपनी साँसें रोककर
तुम्हें भूल जाऊँ
यह मेरा प्रेम नहीं
तो और क्या है!

सहज नहीं रहते

सहज नहीं रहते
पसन्द आई हुई
लड़कियाँ
खिले हुए
फूल
ठहरी सेनाओं के
शहर
किनारे खो चुकी
नदी
चीखों को ढोती
हवा
बधिक का सराहा
पशु
सचमुच में
सहज नहीं रहते।

हथियार

मैं गाँव में रहा
बहुत दिनों तक
भरपेट भोजन मिला
कई बार
साँपों ने भी नहीं डसा
मेरा मन आज भी
करुणार्द्र हो उठता है
अहिंसक साँपों के प्रति
मुझे गाँव के लठैत भी
याद आते हैं
जो सर्दियों की सुबह
नरम बाँस की लाठियाँ
सरसों के तेल से नहलाकर
आम की डालों के परस्पर
सुर्र करते थे
इन्हीं सजीली लाठियों से
मारे गए
न जाने कितने अहिंसक साँप
मैं सोचता हूँ
काश!
कोई हस्तक्षेप होता
अहिंसा का
और अहिंसक वस्तुएँ
हिंसा का हथियार न बनतीं।

नन्हा अजगर

कहीं से आ गया था
मेरे अहाते में
पाँच फीट लम्बा
पीला चितकबरा
मासूम पारदर्शी आँखों वाला
नन्हा अजगर
पर यहाँ तो
मैं रहता हूँ
आदमी
जिसने घर बनाए
जंगलों की जगह
वह कदाचित पूर्व स्मृतियों में बसी
पुरखों की जमीन पर ही लौटा था
अपनी जड़ों की ओर
घिरा हुआ था
दर्जन भर बूटों, बन्दूकों और लाठियों से
अकेला सहमा हुआ
साँपों के लिए
सर्वाधिक
निर्मम दुनिया में
मारा जाएगा
कुछ समझने से पहले ही
उसे लौटना होगा
बचे हुए जंगलों की ओर
जंगल-दस्ते के बोरे में
मैं डरता हूँ

कहीं बड़ा हो गया
बचे-खुचे जंगलों से भी तो!
फिर घेर लेंगे लोग
उसका छोड़ा जाना
जंगल में
मुझे मेरे बेटे की
याद दिलाता है
जब वह पहली बार
घर से बाहर गया था
मैं चिन्तित हो जाता हूँ
उसने कुछ खाया होगा!
किससे दोस्ती हुई होगी!
वहाँ।

खिलौना

ईश्वर
तुम्हें सुरक्षित रखें
यही कहता है
एक मिट्टी का खिलौना
दूसरे खिलौने से।

उम्मीदें-1

नये घरों की
खिड़कियों से झाँकती हैं
अनगिन उम्मीदें
प्रवेशित होती हैं
हमारे गृह-प्रवेश से पहले ही
नए घरों में।
पतवार होती हैं
उम्मीदें
जिन्हें नाव का इन्तजार होता है
छला जाता है
जीवन हर बार
उम्मीदों की भूलभुलैया
गहरी अन्तहीन है
उम्मीदों के बिना जीना
अँधेरे में जीना है
पर यह अँधेरा
प्रकाश से ज्यादा जरूरी है
जब हर पल मर रही हैं
उम्मीदें
प्रेम और पूजा की
तब मरकर भी
हर बार
जीना चाहती हैं
उम्मीदें।

उम्मीदें-2

जगह-जगह
घूमती हैं
उम्मीदें
साथ में
देह भी रहती है।

यादें-1

यादें—
सुनहली डिब्बियों में बन्द
सुगन्ध होती हैं;
कभी भी महक सकती हैं
जरा-सी असावधानी से।

यादें-2

यादें
जैसे हवा का एक अतिरिक्त टुकड़ा
फेफड़ों में ठहरा हुआ
जैसे
नीले आसमान में एक सफेद बादल
सर के ठीक ऊपर साथ-साथ
जैसे
एक फूल मुरझाया हुआ
डाल पर
जैसे जोड़ी नरम पाँव
थाली भर पानी में
जैसे
कोई मंत्रोच्चार
अनसुना
जैसे
कोई आया हो देह से दूर
सदा के लिए।

[पूज्य गुरुदेव का महाप्रयाण
12 मई, 2020]

नासमझ मैं

रातों को
बेहिसाब आती आवाजें
जमीन से
दूर झिलमिल तारे
आसमान में
इन दोनों के बीच
नासमझ
मैं ही हूँ।

पकना

पकना
मीठा होते जाना है
खट्टे से
डूबना
एक घर बनाना होता है
पानी में।

लड़कियाँ

साथ ही रहती हैं
लड़कियाँ
बातें करती हुईं
अक्सर
पर कब अकेली हो जाती हैं
उन्हें पता ही नहीं चलता।

बारिश में गिरते घर

इस बरसात
जो मर गए
अपने घरों में
अजन्मों के साथ
उस बारिश की रात
उनके सपनों में
एक पक्का घर रहा होगा
जिसके छज्जों से टपकती बूँदें
जलतरंग से बजते
राग मल्हार-सी
मधुर
खो गई होंगी
सपनों में ही
इस बरसात।

तख़्ती

अपने नाम की तख़्ती लिये
खड़ा हूँ
चौराहे पर
बिना यह जाने कि
लोग कितने निराश हैं।

कसाई का घर

कसाई के घर
उसके हथियार ही होते हैं
सर्वदा
पशु तो आते हैं और
खुशियों में बदल जाते हैं।

अधूरापन

अधूरी होती है
पूरा होने की
हर उम्मीद
हर अधूरी चीज
पूरा होना चाहती है
यह उम्मीद ही
अधूरा रखती है
हर चीज को।

जो निराशा

जो निराशा
पीड़ा
सुख है
अभी है
फिर कभी नहीं है
मैं कुछ नहीं करता
जब कुछ भी नहीं हो रहा होता है
जुते खेतों में
खुली होती है
धरती की कोख
तब केवल उम्मीद में होते हैं
बीज और बारिश
गर्म होती है
मिट्टी की देह
मिट्टी में घुलती वर्षा बूँदें
फैल जाती हैं
मिट्टी की गंध शिराओं में
तारे देख रहे होते हैं
मिट्टी की तैयारी
जब लहलहा उठेगी
धरती
तब एक घनी गहरी
ऊब से उठकर
मैं भी पड़ा होऊँगा
मिट्टी में
पूरी जीवन्तता के साथ।

कितने जीवन

कितने जीवन हैं
मुझमें जैसे
धूप में बादल
बादल में आग
आग में कहकहे
कहकहों में उपदेश
उपदेशों में डर
डर में हार
कितने जीवन हैं
मुझमें।

प्यार

प्यार
कई बार
एक सफेद बादल होता है
जिसमें नहीं होती
पानी की एक भी बूँद
प्यार
कई बार
सर्दियों की धूप होता है
जो छिपाती रहती है
ठंडी हवाओं का चरित
प्यार
कई बार
कोट की जेब से निकला
हाथ होता है
जिसमें गुनगुनी वांछनीयता होती है
प्यार
कई बार
कंक्रीट में फँसा पेड़ होता है
जिसके पड़ोस में
नहीं रहती कोई सम्भावना
प्यार
अक्सर
जेठ की धूप होता है
जो तपता है तो
जल उठती हैं रातें।

बेंचें

बेंचें
ट्रेनों के गुजरने के बाद
सुनसान प्लेटफार्म पर
प्रतीक्षा करती हैं
अकेले लोगों की
जो अक्सर आते हैं
भूले किरदारों की तलाश में
जो चले गए हैं
बिना बताए
किसी अनियोजित यात्रा पर
प्लेटफार्मों की बेंचों पर
आवाजाही से बेखबर
बैठे लोग
स्वयं अलग किरदार होते हैं
अन्तर होता है
प्लेटफार्म नम्बर एक और
प्लेटफार्म नम्बर आठ के किरदार में
भीड़ में खोना व
भीड़ से अलग होना
एक ही बात नहीं
हमेशा
अलग बेंचों पर बैठते हैं
घर से निकले व
घर जाने की हिम्मत जुटाते लोग
बेंचों पर बहुत विश्वसनीय होता है

अकेलापन
सारे सवाल सुरक्षित होते हैं
वहाँ
कहीं से भी शुरू हो सकता है
विमर्श
एक कुशल मॉडरेटर होती हैं
बेंचें
प्लेटफार्म नम्बर एक से चलकर
प्लेटफार्म नम्बर आठ पर पहुँचा विमर्श
आत्महत्या के खिलाफ हो चुका होता है
रातों में
द्रुतगामी रेलों की खिड़कियों से
छनती रोशनी
पहचान नहीं पाती
बेंचों के चेहरे-पते
केवल समानान्तर पट्टियाँ गुजरती हैं
अँधेरे-प्रकाश की
क्रमशः
बेंचों पर लेटे लोग
सोच नहीं पाते कि
अभी गुजरी है एक रेल
जिससे कोई नहीं उतरा है
सिवाय दूर होती आहटों के
खट् खट् खट् खट्
खट् खट् खट् खट्।

अन्त

एक जैसे होते हैं
तानाशाह के देश में
लोग
बधिक के दरबे में
मुर्गियाँ
सुविधानुसार होता है
उनका अन्त।

प्रेमिकाएँ

इत्र में रहती हैं
आँखों से ओझल
प्रेमिकाएँ।
ऐसे ही पहुँचती है
उनकी देह-गंध
प्रेमियों के पास।
प्रेमियों की देह-वाष्प से
बनते हैं
सतरंगी इन्द्रधनुष।
प्रेमिकाओं के सपनों में
प्रेम का कोई
परदेस नहीं होता,
जहाँ प्रेमी रहते हैं
वही देस होता है।

समुद्र

आकाश के हिस्से का
शोर भी
समाहित है
समुद्र में
जब बरसते हैं
बादल
तो पानी के साथ
आकाश का शोर भी
लेना पड़ता है
समुद्र को।

प्रेम का दायरा

बहुत विस्तृत है
प्रेम का दायरा
एक उत्तरदायित्व
जो थोड़ा उदास रहता है
एक बसन्त
जिसके पास कुछ पीले पत्ते हैं
एक मौन
जो बिखरा हुआ है
एक शोक
जो रहना नहीं चाहता
एक इच्छा
जो दबी हुई है
एक वैराग्य
जो सप्तपुरियों में भटका हुआ है
सभी प्रेम में हैं।

ढाँचा

एक ही ढाँचे में हैं
सभी
मैं
मछलियाँ
और
हवाई जहाज
फर्क केवल
धरती
जल
आकाश का है
सबमें हैं
अक्षांश-देशान्तर
फर्क केवल
समझौतों का है
मछलियाँ नहीं जीतीं
पानी के बिना
हवा में ही उड़ता है
हवाई जहाज
केवल आदमी के लिए
खुले हैं
सारे रास्ते
स्वाधीनता के
समझौतों के भी।

लड़ाई

मत लड़ो
मुझसे
मैं कमजोर हूँ
लड़ाइयाँ सुलझाने में
और क्या करें
जब चाहता हो मन
हारना
जब हारने से ही
सुलझती हों
लड़ाइयाँ
क्या करूँ।

मरना

वह मर रहा था
कुछ दिनों से
किसी ने रोका नहीं
किसी ने पूछा नहीं
कैसा लगता है
मरते रहना
सभी तो मरना नहीं चाहते
तो फिर क्यूँ
मृत्यु का आकर्षण है उसे
शायद वह बताता
मृत्यु के बारे में
पर फुर्सत नहीं थी किसी को
वह मर गया अचानक
फिर सभी ने पूछा
क्या मर गया?
बताया क्यों नहीं
पूछनेवालों को नहीं पता
मौत
केवल मरनेवाले को ही
उत्तर देती है
प्रश्न ही रहती है
बाकी सभी के लिए।

पीले पत्ते

कुछ पीले पत्ते
रह जाते हैं
डालों पर
बसन्त में भी
जिनका धीमे से चटकना
फरवरी की लगातार
शुष्क होती हवा में
शोकाकुल कर देता है
जंगल को
अगर कभी
हवा की हल्की-सी ठेस से
गिरते पीले पत्तों को
थाम लें धीरे से
और रख दें
पेड़ की बची-खुची छाँव में
तो ममता से भर उठता है
सारा जंगल।

हत्यारे

मैं चला जा रहा था
अकेला
अचानक ही मैं
एक भीड़ से गुजरा
जैसे विमान उड़ता हुआ
बादलों के विक्षोभ से गुजरता है
दबाव था
पर रास्ता नहीं बदलना पड़ा
मैं चुपचाप निकल गया
बीच से
कुछ दूर जाकर
कहकहों की आवाजें सुनीं
मैंने स्वयं को देखा
मेरे कई अंग गायब थे
जगह-जगह रक्त रिसने लगा था
मेरी देह से
मैं समझ नहीं सका था
कि मैं हत्यारों की
नई नस्ल से गुजरा था
जो खत्म नहीं करती
वजूद
केवल छीन लेती है
जरूरी चीजें।

घर-वापसी

वह उदासियों की रेल थी
चढ़ा था जिस पर मैं
एक सुखद यात्रा के लिए
शहर दर शहर
नाउम्मीद रास्तों पर
बिखरी पड़ी थी
भूख प्यास पीड़ा
चलता रहा घायल कदमों से
जैसे बेवजह हों
सारे प्रश्न
सारे अनुरोध
मेरे हताश गाँव ने
बना रखे थे
नये श्रमिक कुंज
सिवाने पर ही
मेरा निराश परिवार
रोज आता है
मुझे देखने गाँव के बाहर
मैं दुलराता हूँ बच्चों को
सामने ही
मन-ही-मन
एक अबोध दुख है
उनकी आँखों में
एक दारुण इन्तजार
देखा जा सकता है
मेरी गहराती निराशा

भटकती है
खेतों अमराइयों में
पके गेहूँ की गंध
पछुआ हवा के साथ
आती है
संगरोध शिविरों में
मित्र भी आते होंगे
क्या पता!
संगरोध शिविरों में
मेरा रोम रोम
लड़ रहा है
एक अदृश्य लड़ाई
एक वायरस से
जो अन्तर्राज्यीय दूरियों की
टूटन थकन में भी
चलता रहा मेरे साथ
मैं पहरे में लौटा हूँ
अपने गाँव
बिलकुल एक मजदूर की तरह।

[कोरोना मजदूरों का पलायन]

दुखी मत होना कवि

व्यथा का विमर्श होता है
कवि तुमने जाना क्या?
बिना जाने प्रार्थना का शास्त्र
तुमने प्रार्थना में कविता लिखी
पीड़ा के सारे कोणों को छूती हुई
एक लकीर खींचो
उससे मजदूर का चेहरा बनना चाहिए
क्या कहा? नहीं बना
तुम बुर्जुआ हो कवि
अब तुम भात पर कविता लिखकर
सर्वहारा का कवि बनना चाहते हो
जबकि तुमने नहीं पढ़ी
भात की पाक कला पर
कोई भी किताब
आज जिस ठेले से सब्जी खरीदी
उसके धर्म की कविता घोषणा करो कवि
इसका कोई अर्थ नहीं कि
किसान ही उगाता है सब कुछ
और उर्वरता ही खेत का धर्म है
कुछ नए हैं तुम्हारे कविता-सूत्र
पर वे परीक्षक की किताब से नहीं
अस्वीकार तुम्हारी नियति है
कवि तुम दुखी मत होना।

पानी में रंग

पानी का पिता है
आकाश
सृष्टि के सारे रंग रहते हैं
आकाश में
सूरज रोज भेजता है
किरणों को
रंग लेने आकाश के पास
पानी को
बिना माँगे ही
आकाश सौंप देता है
रंगों की वसीयत
पानी चेहरा है
आकाश का
तितलियाँ भी फूलों के
खोए रंग ढूँढ़ने
अक्सर आती हैं
पानी के पास।

रास्ते

सपनों में
नहीं पूरते रास्ते
मैं चलता रहता हूँ
रास्ते में पूछता हूँ
किसी अनजान अपने जैसे से
मेरे गाँव का सही रास्ता
वह बताता है
मेरे गाँव पाँच सड़कें जाती हैं
सभी चौड़े राजमार्ग हैं
चलते रहो
मुझे केवल बियाबान दीखते हैं
मैं चलता रहता हूँ
जहाँ तक देख सकता हूँ
बियाबानों से सड़कें गुजर रही हैं
कोई शहर नहीं
दूध-जलेबी नहीं
प्यास से जाग जाता हूँ
पानी पीकर सोता हूँ
इस बार कोई नई सड़क है
मेरे गाँव जाने के लिए
फिर पूछता हूँ
किसी अनजान अपने जैसे से
क्या मेरे गाँव की यही सड़क है
वह कहता है
तुम्हारे गाँव की पाँच सड़कें हैं

सभी नापनी होंगी तुम्हें
तभी पहुँचोगे गाँव
मेरा स्वप्न टूट जाता है।

[कोरोना मजदूरों का पलायन]

सप्ताहान्त

सप्ताहान्त पर
धीमी बहती है
हवा
थोड़े थिर होते हैं
पेड़ों पर पत्ते
सप्ताहान्त में ही
थोड़ी सफेद होती हैं मूँछें
पिता की
थोड़े कम स्थिर होते हैं शब्द
माँ के
सप्ताहान्त पर ही लौटती हैं
अनिश्चितताएँ घर।

रात-भर

रात-भर चलती हैं
उनींदी यात्राएँ
सुबह की ओर
बैशाख में महुआ बागों से
नशे में लौटी रात
सोना नहीं चाहती
शाम से ही डराता है
सुबह का कसैला स्वाद
रात की काली साड़ी पर
टका सा चाँद
छोड़ आया किरणों को
नदी की गोद में
किनारे निरस्त करते रहते हैं
चंचल-लहरों के यात्रा प्रस्ताव
रात-भर चटकती हैं
पहाड़ों की विपरीत धर्मा शिराएँ
रात-भर टहलते हैं तारे
जुगनुओं के गाँव
रात-भर लिखते हैं पक्षी
भोर के गीत
रात-भर गिनता हूँ मैं
दिन के गुनाह।

उदासी

मुझे रंग नहीं रुचते
मेरी उदासियों में शामिल हैं
मेरे बचपन में बिलावों द्वारा
अधखाई मुर्गियों के रंगीन पंख
गाँव के पोखर में
नुकीली बंसियों से खींची गई
मछलियों के मुँह में भरा खून
मेरे आवास में रह रहे बतख जोड़े की
मादा का तीन महीनों से जारी इन्तजार
बैठी रहती है अंडों पर बिना खाए कुछ भी
डाक्टर कहते हैं भ्रूण नहीं बन रहा
नर बतख में कमी है
समस्या यह है कि बतख
केवल जोड़ों में रहते हैं
गहराती जाती है उदासी
जिस मोर पंख को रखता हूँ
शयनकक्ष में दुःस्वप्नों से बचने के लिए
उसके चार बच्चों को उठा ले गया बाज
विभ्रमित मोरनी ताकती रहती है आसमान
बारिश भरी रातों में
बनमुर्गी के पंखों तले सोते
चूजों की नींद के साथ होते हैं
मेरे स्वप्न
मेरे मोहल्ले के हर घर को
जाननेवाली कुतिया
आठ बच्चे जनती है हर साल

एक-एक कर मरते हैं
जैसे दुख की किस्तें बँधी हों
कुतिया गिनना नहीं जानती
पर खुरचती सूँघती रहती जमीन
मुझे पता है संकट में हैं
दुनिया के गरीब मजूर
उनके पैरों में छाले हैं
भूख मर रही है बार-बार
आँखों के आँसू उम्मीद नहीं
सुन्न मन शरीर में
कहाँ है नहीं पता
सुन्न है मेरी उदासी
हर सुबह देखता हूँ
धूल कम होती जाती है इन दिनों
साफ नीले आसमान जैसी
गहरी है
मेरी उदासी।

जीना

जब कोई गरीब
पसीने से लथपथ
नृत्य करे
तो थिरकने चाहिए
तुम्हारे पैर
जब कोई गरीब
सोचकर अपना भविष्य
उदास हो
तो बेचैन होनी चाहिए
तुम्हारी नींद
जब कोई गरीब
सो गया हो खाली पेट
आज रात
तो मर जानी चाहिए
तुम्हारी भूख
तभी जी सकोगे तुम
औरों के संग।

उस शाम

उस शाम
दो हत्यारे उतरे
शहर के चौक पर
दो हत्यारों को देखा गया
शहर की बाहरी सीमा में
चार हत्यारे
शहर में ही रहते थे
एक ही गन्तव्य था
सभी का
उस रात की सुबह
शहर के चावल मिल की जमीन
सराबोर थी ताजे रक्त से
चार सौ तीस खालों में
एक हजार कुन्तल मांस था
तेरह चाकू दो सौ पगहा दो बेल्चा
पाँच बांका दो कुल्हाड़ी छह मस्कला दो सिख्ता
चार लकड़ी के चापड़ तीन लकड़ी के हथौड़ों से
आठ हत्यारों ने पाँच सौ रुपये की मजूरी कमाई रात-भर
तब धान के खेतों की जगह
गर्म रक्त बन गया था
पहली पसन्द
उस रात गायें याद करती रहीं
चरवाहों का हाँकना
हट हट हट हाँ
चल चल चल चल
पीठ और पैरों पर पड़ते

हल्के डंडे
उस रात वही धुआँ था
उनकी आँखों में
जो सुलगाया जाता था
हर सुबह-शाम
उन्हें दुहते हुए
उस रात याद आए
मालिक के हाथों से खाए हुए
रोटी-गुड़ हरा चारा
सरसों-मटर के खेतों में मुँह मारना
उस रात बहुत याद किया
अपने बच्चों को
जो पहुँचेंगे पीछे से
ढूँढ़ते अपने माँओं के थनों से
टपकता दूध।

रात के पिछले पहर

रात के पिछले पहर
कोई जोर से लेता है
मेरा नाम
जैसे खोल देता है
आवाजों के द्वार
ये आवाजें उन्हीं की होती हैं
जो खड़े थे पिछले दिन
रेल की टिकट खिड़कियों
अस्पताल की ओ.पी.डी.
और गैस की लाइनों में
ये वही प्रश्न पूछती हैं
जो पिछली पंचायतों के
चिह्नित प्रश्न थे
फिर मैं देखता हूँ
केन्द्रीय पुस्तकालय में
अनगिनत खुली किताबों पर
झुके हुए लोग
मुझे बताया जाता है
ये नये प्रश्न हैं
अभी लिखी जानी हैं
इन पर किताबें
और बनाया जाना है
एक नया केन्द्रीय पुस्तकालय
मैं जानना चाहता हूँ
किसने पुकारा मेरा नाम
इतनी जोर से

जैसे अदालतें पुकारती हैं
मुजरिमों के नाम
मैं गुनहगार तो नहीं
पर सो नहीं सकूँगा
आज भी।

प्रेम करते हो

प्रेम करते हो
एक दिन पूछ लिया उसने
आईना देखते हुए
हाँ—मेरा उत्तर था
मैंने कहा
मैं सोचता हूँ
तुम्हारी देह
उसमें होना
वैसे ही
जैसे तुम हो
देह में
मैं जीता हूँ
तुम्हारा जीवन
जैसे तुम जीती हो
मैं होना चाहता हूँ
वही
जो तुम हो
मैं प्रेम करता हूँ
आत्म संशय में थी वो
देखती रहती आईना
हम बातें करते थे
जिसमें अक्सर देर होती थी
तब देर ही थी सबसे आवश्यक
प्रेम में
उसने कभी नहीं देखा
मेरी आँखों में

उसके साथ रहकर
मैंने उन स्त्रियों को बहुधा याद किया
जो नीले आकाश की पृष्ठभूमि में
ढूँढ़ते अपना सुरभित बिम्ब
गाँव के पोखर तालाबों में समा गईं
प्रेम में खुद को खोजना
जानलेवा होता है कभी-कभी
चाहतें आगे जाती हैं
कहावतों से
मैंने पूछा
और तुम?
सोचा नहीं—उसका उत्तर था
वह अभी भी देखती है
आईना
मैं सोचता हूँ
प्रेम में खुद को ना खोजकर
अच्छा किया उसने।

शब्द

तुम कहना
कुछ भी
एक आवाज होगी
तुम गिनना अपने शब्द
सुनेगा वही
जिसे कहा गया होगा
खामोश शब्द
काटते बहुत हैं
इसे वही समझता है
जहाँ खुला रहता है
दिन-रात
शब्दों का कॉफी-हाउस
शब्दों की शाश्वतता
इस दृष्टि से है कि
आज तक नहीं लौटा
कोई भी शब्द
बिना अर्थ के
शब्द शाश्वत हैं
इस दृष्टि से भी कि
आज तक नहीं रहा
कोई भी शब्द
अनसुना।

कई बार

कई बार
रंग होता है
रूप होता है
आत्मा नहीं होती
प्रेम होता है
देह होती है
प्रेमी नहीं होते
भाव होता है
शब्द होते हैं
अर्थ नहीं होता
बात होती है
विचार होते हैं
निष्कर्ष नहीं होता
कई बार
मैं होता हूँ
तुम होती हो
जिन्दगी नहीं होती
पद होता है
प्रतिष्ठा होती है
निष्ठा नहीं होती
देश होता है
राजा होते हैं
शान्ति नहीं होती।

नवम्बर के दिन

नवम्बर में
जल्दी आने लगती हैं
शामें
चने और मटर के बीज
मिट्टी में
अंकुरित होने को होते हैं
गन्ने में शेष होती है
मिठास की आमद
नवम्बर की उन्हीं शामों में
खिलखिला कर हँस पड़ती हैं
खेतों से घर लौटती
लड़कियाँ
उनकी हँसी की खिड़कियों से
आहिस्ता दाखिल होती है
गुलाबी सर्दी
बालिश्त भर रोज
लम्बी होती रातों में
उचटी नींदों वाले
लालटेन की मद्धिम रोशनी के सहारे
दीवाल की मिट्टी से
गड़े हुए आईनों में
अपनी रेखें निहारते लड़कों के
सपनों में बस जाती हैं
लड़कियों की समवेत खिलखिलाहट
गाँव का सूरज प्रतीक्षा करता है
हर सुबह

लड़कों के नींद से उठने की
मिलन और सम्भावनाओं के
गीत होते हैं
नवम्बर के दिन
गाँव के लड़कों की
क्या दिन क्या रातें
सब गुलाबी हो जाते हैं
नवम्बर में।

आश्चर्य है

आश्चर्य है
धरती टुकड़ों में नहीं
समूची गोल है
गोल धरती
टुकड़ों में दर्ज है
कागज पर
महाद्वीपीय भू-भागों में बँटी धरती
खातों-खतौनियों में सिमट चुकी है
आदमी
धरती के हिसाब से नहीं
शक्ल-सूरत के हिसाब से
बँटता रहा है
उसने खूँटियों से टाँग रखे हैं
रंग-बिरंगे स्वप्न
एक नश्वर देह
और बँटी हुई धरती के सहारे
आदमी का अपने स्वप्नों में जीना
अविभाजित धरती और
एकल मनुष्यता जैसा ही
मुश्किल स्वप्न है।

प्रथम प्रेम

मैंने यूँ ही कह दिया था उसे
मैं प्रेम करूँगा
जैसा किसी ने भी न किया होगा
कभी भी
इशारे से मना किया उसने
ऐसा कहने से

हर प्रेम अपूर्व था
उसके लिए
जब भी प्रेम हुआ उसे
वह सोलह साल की थी
कोई स्मृति नहीं थी उसमें
पुरा प्रेम सम्बन्धों की

हर प्रेम-भेंट
प्रथम भेंट थी
हर प्रेमालिंगन प्रथम था
हर प्रेमी पहला प्रेमी था
प्रेम में हुई हर सुबह
पहली सुबह थी

कभी-कभी जब
चमक उठती थीं
उसकी आँखें
तो लगता था
जैसे अभी-अभी

प्रेम हुआ हो उसे
पहली बार

उसकी स्मृति में
कई जन्मों के लुप्त
प्रथम प्रेम थे

अभी मिलना शेष था उसे
पहला पूर्ण प्रेम
जिसकी स्मृति बस जाएगी
उसके मन में
जन्म-जन्मान्तर

मैं सोचता हूँ
क्या ऐसा हो सकता है?
पहली बार हो प्रेम
और उसे भुलाया जा सके
हर नवागत
प्रथम प्रेम के लिए।

देवों के देश में

देवों के देश में
जहाँ देवाधिदेव हैं
पशुनाम्-पति
पशुओं की भी मृत्यु निश्चित है
जैसे मनुष्यों की
पशुओं के भी हैं अस्पताल
जैसे मनुष्यों के
पशु जनते हैं
जैसे मनुष्य
पशु माँओं का दूध
बच्चों का होता है
जैसे मनुष्यों में
इतिहास हो चुकी हैं
मनुष्यों की कत्लगाहें
पशुओं की बढ़ती जा रही हैं
मनुष्यों से बची जगहों में
जीते हैं पशु
सड़क के बीचोबीच बैठा पशु
बता देता है
किसी ने नहीं बैठने दिया
शहर में अपने द्वार
अक्सर झुंडों में
निरुद्देश्य भटकते पशु
निर्मम कथानक हैं
मनुष्य के शोषक संस्कारों के
मनुष्य के लिए

केवल युद्ध बचे हैं
सामूहिक मृत्यु की
आखिरी उम्मीद
इस बीच मनुष्य
बुन लेना चाहता है
एक जाल
आकाश के लिए
जिससे पकड़ी जा सके
हर उड़ती हुई चीज
और बनाई जा सके
एक आकाशीय कत्लगाह
कभी नहीं मरती
आसमान में जीने की इच्छा
मनुष्य जहाँ भी जीता है
सर्वप्रथम खत्म करता है
दूसरों के जीवन अवसर
मृत्यु चुनता उनके लिए
मनुष्य नहीं जी सकता
मृत्यु के बिना
ये कैसी मजबूरी है!

अवकाश

बहुत दिन हो गए
आना तुम
मन झाँकता है
बार-बार
स्नेह का खाली कोठार
देह को चाहिए
तुम्हारी मादक सुगन्ध
खाली घर को
तुम्हारी बातें
धूप को चाहिए
तुम्हारा साँवला रंग
आँगन के सूखे पत्तों को
तुम्हारा आँचल
फूलों को तुम्हारा हाथ चाहिए
घर के पास से गुजरती
सूनी सड़क को
तुम्हारी हँसी चाहिए
शाम को लौटते पक्षी
विदा चाहते हैं तुमसे
घर के मन्दिर में
समय से पूजन चाहते हैं देव
रात को ऊँघते टिम टिम तारे
सुनना चाहते हैं
तुम्हारे गीत
तुम्हारी देखरेख चाहते हैं
माँ-पिता

इनसे मिलकर
भर जाएगा तुम्हारा मन
एक दिन
ऊब जाएँगे सभी
करते वही काम रोज
देखते बासी चेहरे
हर सुबह
तब अवकाश लेना तुम
सम्बन्धों को जीना
बहुत व्यस्त कर देता है
इन दिनों
सोख लेता है
सारी जीवन्तता
अकेले होना तुम
सिर्फ अपने लिए
अकेले होंगे शेष सब
एक-दूसरे से
अवकाश लेकर
अपना सा होने के लिए
अवकाश चाहिए
सभी को।

आत्महत्या

प्रवृत्ति और निवृत्ति के
अप और डाउन ट्रैक होते हैं
जीवन में
कभी एक ही लाइन पर
आ जाते हैं दोनों तो
मरने को तैयार हो जाते हैं
कई लोग
न कोई सबूत, न गवाह
न जिरह
मृत्युदंड देते हैं
खुद को
तरीका कोई भी हो
बस मरना लक्ष्य होता है
जल्लादों से बेहतर होते
इनके फाँसी के फंदे
आसान नहीं सुन्न करना
देह की स्वचालित रक्षा प्रणाली
पलकों का झपकना
हाथों का हवा में सन्तुलन
केवल संकल्प से
सल्फास की सचेतन मृत्यु
मरना बातचीत करते-करते
चलती ट्रेन के आगे कूदना
और बिखर जाना मीलों
पानी में डूबना और
स्थिर रखना हाथ-पैर

चुनना साड़ी, दुपट्टा या नायलॉन
लगाना अपना शस्त्र सीने में
सबसे ताकतवर है
मरने का संकल्प
सबसे जीवन्त है
जिन्दगी से निराशा
आत्महत्या की तैयारी
सब सम्भव करती है
कई कोशिश करते हैं
मरनेवाले
केवल मुश्किलें
नहीं मार सकती
जिन्दा आदमी
मृत्यु का आकर्षण भी
होना चाहिए
वरना मरने की खुदमुख्तारी
तोप के मुँह पर सीना लगाने से
मुश्किल विकल्प है
अकेला टीम होता है
हर मरनेवाला
क्यूँ नहीं यह ताकत
मिलती है जिन्दगी को!
कह नहीं सकते कि
नाउम्मीद होता है
आत्महत्या करनेवाला
सबसे बड़ी उम्मीद उसे
खुद से होती है।

आज फिर

आज फिर
शिकायत करूँगा
नींद के महाजन की घटतौलियों की
चाँद के स्वप्न में काली बदलियाँ थीं
अँधेरी रही पूरनमासी की रात भी
भोर से पहले ही
मछलियों को मिल रही है
शिकारियों की आहट
अनुत्तरित हैं
देह से निसृत आमंत्रण
बतखों के मन में
मारे जाने का भय है
भोजन के समय
रोज
मेरी चेतना पर
हाथियों के पैरों से बँधी
जंजीरों का बोझ है
देवताओं को नहीं चढ़ते
सागौन के फूल
नित फूलते हैं सागौन वन
हरे-भरे
सुबह-सुबह दूध-भात कटोरे के आसपास
खेलते रहे हैं कौवे
भोजन मंत्र सी है
उनकी अनवरत काँव-काँव
एक चींटी दबी हुई मिली है

मेरी नोटबुक में
कहाँ जा रही थी
पता करना शेष है
एक पुराना फोन नम्बर है
जिस पर बतियाने वाले लोग
कहीं खो गए हैं
हिरणों के बसेरे के समीप ही
रेल की पटरियाँ हैं
एक आसन्न प्रसवा हिरणी
मारी गई है
द्रुतगामी सभ्यता के पहियों के नीचे
मारा गया है हिरणों का झुंड
नवजात को बचाने में
धरती पर भोजन और प्राण के संघर्ष में
आज भी
दो पत्थरों के बीच झाँकती
घास जैसी
उम्मीद से भरा है
जीवन।

स्पर्श

भीड़ भरे या
सुनसान रास्तों पर
थाम लेता है
टूटता विश्वास
रोक लेता है
देह का भटकना
घर-बाहर
धवल कर देता है
आसपास घिरते अँधेरों में
धुँधलाती दृष्टि
बस एक तुम्हारी हथेलियों का
आड़ा-तिरछा स्पर्श।

जलते हुए पेड़

अंत्येष्टि में होते हैं
जलते हुए पेड़
समान ध्वन्यात्मकता के साथ
अग्नि में
मंत्र और जल के बिना
फूँकते-तापते
लोग
श्मशान में होते हैं
जाने-अनजाने।

चाँद

दिन चढ़े
सफर में अटका हुआ
चाँद
अक्सर
प्रेसवार्ता करता है
अपने सपनों की।

एक ही समय

एक ही समय आए
नवागंतुक
नींद के पंखों पर सवार
सपने
एक मरणोन्मुख
उनके प्रवेशित होते ही
तत्क्षण
साथ छोड़ दिया
मेरी प्राथमिकताओं ने।

भागते हुए

बचपन में स्कूल के
खाली घंटे में खेलते हुए
एक दरवाजे से होकर भागा
तो दूसरे दरवाजे से आकर
तुमने मेरा हाथ पकड़ लिया
और पूछा
क्यूँ भाग रहा हूँ
कोई उत्तर नहीं था
मेरे पास
तुम्हें अपलक देखने के सिवाय
फिर अक्सर
अपने हाथ को पकड़ कर
वैसे ही
तुम्हें याद किया मैंने
बाद के सालों में
तुम्हारे कॉलेज की चारदीवारी से लगकर
गुजरती सड़क पर
तुम्हारी यादों ने
पकड़ा मेरा हाथ
हर बार
ठीक वैसे ही
फिर अलग शहर
और अलग कक्षाओं में
अक्सर दरवाजों से गुजरते हुए
मैं अपने हाथ को ठीक वैसे पकड़ता
और महसूस करता तुम्हें

दौड़कर आते हुए
सामने के दरवाजे से
एक दिन छोड़कर
वह शहर
दूर शहर गया
वहाँ जिन घरों में रहा
उनमें एक ही दरवाजा था
जहाँ ना मैं दौड़ सकता था
ना ही तुम आ सकती थीं
दूसरे दरवाजे से
अब स्मृतियों से भागना है मुझे
जिनमें कई दरवाजे हैं
और कितनी आसानी से
तुम पकड़ लेती हो
मेरा हाथ
और पूछती हो
क्यूँ भाग रहा हूँ।

नौसिखिए

बहुत खतरनाक होते हैं
नौसिखिए शिकारी
बहुत सोच-समझ कर
फैलाते हैं जाल
पर चूक जाते हैं कहीं
फिर देखे जाते हैं
उड़ने की कोशिश में
बार-बार गिरते
रक्त-स्नात-पंख पखेरू
धर लिये जाते हैं
कुत्तों बिल्लों द्वारा
नोचे फाड़े जाते हैं
जीवित ही
जंगल में देखे जाते हैं
घायल लँगड़ाते हिरन
जिनकी देह से निसृत
रक्त-गन्ध
जंगल की शुद्ध हवा में
सरलता से पहुँचती है
भेड़ियों के पास
फिर नुचते हैं
चारों दिशाओं से
अस्पतालों में भर्ती होती हैं
दर्द को छुपाती सँभालती
असहाय लड़कियाँ
तिल-तिल मरती हैं

दिन-रात सुनाई जाती है
उनकी अस्मत-कथा
पूरी दुनिया को
दर्द का सार्वभौम विस्तार
झलकता है
दुनियाभर की लड़कियों की
अश्रु बूँदों में
शिकारियों के पंजे से
छूटी लड़की
देह में पिंजरे में फँसी रहती है
मरने से पहले
लोग जान लेना चाहते
उसके बचने की कहानी
किसी का मरना रोक नहीं सकते
जंगल, गाँव, अस्पताल
बस शिकार की किताबों में
जुड़ जाते नये पृष्ठ
एक अधूरी शिकार कथा बनकर
रह जाते हैं
पक्षी, हिरन और अस्पताल में
भर्ती हुई लड़कियाँ।

मुझसे पहले

पिता में दीखते हैं
उनसे पहले के
सारे पिता
वृद्ध होते हुए
मैं सूँघ सकता हूँ
पुरखों की देह गंध
पिता के पसीने से
माँ के आँचल में
विश्राम करते हैं
उनसे पहले की माँओं के
अनगिन दुख
जिनके आँसुओं का खारापन
सदियों से ढो रही है नदी
हजार हाथ हैं
मुझे जीने को
उतनी ही आँखें
अपलक देखती हैं मुझे
मेरी आँखों की नमी में
डोलती हैं
मेरी बहनों की परछाईं
जीवन की आपाधापी में
कितनी आसानी से
धुँधला रहे हैं
चाहत के रंग
स्नेह के विस्मृत
सीमा विस्तार तक

मै जानता हूँ
जितने भी हैं
मेरे आसपास
सभी मेरे भाई हैं।

साइकिल

एक साइकिल के सपने के साथ
बड़ा हुआ मैं
जिसमें नरम सीट
और लाइट लगी हो
सर्दियों की कुहासा भरी
सुबहों में
ओस और धूल से पटे रास्तों पर
बोझिल पहियों से चिपकी
धूल और तिनकों को
गन्ने के गुल्ले से हटाने के
सपनों के साथ सोया मैं
हर रात
जिससे हर सुबह
स्कूल पहुँच सकूँ समय से
और लौटते समय
गन्ने के खेतों के मध्य से गुजरती
साँपों के रहवास वाली
हरियाली से लगभग ढकी सी
नहर की एकल पटरियों पर
डरूँ नहीं
अँधेरे से पूर्व पहुँचकर घर
खा सकूँ शाम का कलेवा
और कम दुखें नंगे पाँव
कई बार निकल जाता कोई
साइकिल सवार बगल से
घंटी बजाता हुआ

ट्रिंग ट्रिंग
मुझे छोड़ता हुआ
सुनसान रास्तों पर
नंगे पाँवों की
धूल ही थी दोस्त
घर तक आती
स्कूल तक जाती
जारी रहा मेरा जगना
दिन उगने से पहले
दिन डूबने के बाद
पहुँचना घर
बड़ा हो गया मैं
आधा दर्जन वाहनों से
चलकर भी
वातानुकूलित शयनकक्षों के
नरम बिस्तर पर रातों में
उठता है पाँवों का दर्द
कभी-कभी
मैं चलता रहता हूँ
नंगे पाँव
गाँव से स्कूल जाती पगडंडियों पर
धूल से खेलता हुआ
सपनों में आज भी
कोई साइकिल सवार
गुजर जाता है
घंटी बजाता हुआ बगल से
ट्रिंग ट्रिंग
मुझे छोड़ता हुआ अकेला
सुनसान रास्तों पर।

नई बातें

जो आज चालीस का है
पचास और साठ का हो जाएगा कभी
आप कहेंगे
कौन सी नई बात है?
मैं कहता हूँ
चूँकि कही गई है
इसलिए पुरानी हो चली है
यह बात
नहीं तो अनकही बातें
अजन्मों जैसी
न तो नई रहती हैं
न ही पुरानी हो पाती हैं
जन्माना चाहती हैं बातें
जीना चाहती हैं
चर्चा में रहकर
आप कहेंगे कि
नया सा नहीं है कुछ या
बहुत कुछ जानते हैं आप
पर जो जन्मा ही नहीं
वह जाना भी नहीं गया
मरा हुआ है कितना कुछ
मरे हुए हैं हम
अपने ही बीच की
अजन्मी-अनकही
बातों में।

पूछना

कौन अधिक सुन्दर है
फूल या तितली?
तितली से पूछा मैंने
वह उड़ गई
दूसरे फूल पर
मैंने फूल से पूछा तो
फूल ने इंगित किया
दूसरा फूल
जिस पर बैठी थी तितली
अभी-अभी
मैंने मछली से पूछा
कौन अधिक क्रूर है
बड़ी मछली या मछुआरा?
उसने कहा
उदासी बहुत है
पानी में
और गहरे डूब गई
फिर जरूरी था पूछना
बकरे से भी
उसकी अन्तिम इच्छा
वह रसोई में कटना चाहता था
मैंने टटोला खुद को तो
एकदम भीतर मिला
धूसर सपनों में खोया
आकुल अनिश्चित आदमी।

मुझे शब्द चाहिए

दोपहरी में सड़क के किनारे
अपनी चलताऊ दुकान में एक तरफ
पजावे पर छुरी को धार देता लड़का
ठीक से वध करना नहीं जानता
एक रंग-बिरंगे चमकदार पंखों तथा
सुर्ख लाल कलगी और
चपल आँखों वाला मुर्गा
अपनी लम्बी गर्दन उचका कर
कभी छुरी कभी ग्राहक को
बारी-बारी देखता है
उस बँधे पैर वाले मुर्गे के
मनोभाव लिखने के लिए
मुझे शब्द चाहिए
मेरे शहर के घर की गली के मुहाने पर
वह भागता हुआ पालतू सा कुत्ता
जिसके गले का पट्टा लगातार
उसकी गर्दन के गहरे घाव में
तेजी से हिलते हुए धँसता जा रहा था
जिसे मैंने बरसों पहले देखा था
झटके से ओझल होते हुए
वह कहाँ तक भागा होगा!
मेरी चेतना उसे लिखने की कोशिश में
गली के मुहाने पर खड़ी है तबसे
सही शब्द की तलाश में

मुझे ठीक से नहीं पता कि
बरसात के बाद के बादल
उदास होते हैं या नहीं
पर मुझे लगता है कि
स्त्रियों के रोने पर
सृष्टि में पानी का अनुपात
बराबर रखने के लिए
सूख जाते हैं बादल
वर्षा और रुदन में आँखों को प्रस्तुत
समान दृश्यावलियों के लिए
मुझे शब्द चाहिए
कार्तिक के पवित्र मास में
पक उठे धान के सुगंधित खेतों के
अहर्निश सूखते जल में फँसी मछलियों की
पारदर्शी तरल आँखों में पसरती
निराशा को लिखने के लिए
खेत की घसियायी मेड़ों पर कई सुबहों से
नंगे पाँव टहल रहा हूँ मैं
सही शब्द की तलाश में
सड़क के किनारे टूटे पैरों वाली
नील गाय की सजल आँखों में
बहुत धीमी दिखती है
मृत्यु की आहट
शिकारियों के आने तक
जीवित रहने की मजबूरी को
लिखने के लिए
मुझे शब्द चाहिए
एक महारुदन प्रस्फुटित होता
कट कर गिरते हुए पेड़ों से
कुल्हाड़ियाँ अलग आवाज करती हैं
सूखे और हरे पेड़ों को काटते हुए
कुल्हाड़ियों की सूखी और
गीली आवाज के लिए
मुझे शब्द चाहिए

अपनी गुमशुदा बेटी के
लौट आने की उम्मीद में
पुलिस थाने में खड़ी
बेहद अधीर माँ
शृंगार विहीन है कई दिनों से
इस शृंगार निस्संगता में जीती
स्त्री के लिए
मुझे शब्द चाहिए।

शिव

शिव की खोज में
मिलते हैं
कई सारे शिव
एक के बाद एक
सत्य मिलते हैं कई-कई
सत्य की खोज में
मिलता है
बहुत कुछ सुन्दर भी
एक के बाद एक
सुन्दरता की राह में
सत्यं शिवं सुन्दरम् को
खोजता मन
पतियाता है
ठहरता है
चकित आकर्षित
हर जगह
थोड़ा समयांतर होता है
असन्तुष्टि का
फिर बढ़ चलता है मन
अगले निर्वात की ओर
क्या अनमना असन्तुष्ट मन
खुद को खोज रहा है
हर जगह
हर किसी में।

अन्तिम सन्देश

बधिक ने बताया
कटने से पहले
एक बार बोलता है मुर्गा
छुरी हाथ में लिये
प्रतीक्षा करता है बधिक
उस एक अन्तिम बाँग की
फिर चला देता है
छुरी टेटुए पर
बधिक ही सुनता है
दुनिया को दिया
मुर्गे का अन्तिम सन्देश
दुनिया के सारे हत्यारे
पूछना चाहते हैं
कत्ल होने वालों से
उनके अन्तिम सन्देश
पर डरते हैं क्योंकि
बहुत शक्तिशाली होते हैं
अन्तिम सन्देश
जब से भोज ने मुंज को भेजा
हत्यारे वत्सराज से अन्तिम सन्देश
तभी से डरते हैं हत्यारे
और नहीं पूछते
किसी भी मरने वाले से
उनका अन्तिम सन्देश
दुनिया के लिए
जान देने वालों के

सारे अन्तिम सन्देश
हत्यारों से होकर ही
पहुँचते हैं दुनिया में।

शहर

मेरे लिए नहीं है
बहुमंजिली इमारतों का शहर
मेरी आँखें दुखती हैं
इन्हें देखते देखते
मेरे ऊपर ढहती हैं
जब मैं ओट लेता हूँ
भरी दोपहरी में
मेरे लिए नहीं बनी
इसमें कोई भी सड़क
कुचला जाऊँगा किसी दिन
इन्हें पार करते
कोई सामान नहीं मेरे लिए
इसकी भरी हुई दुकानों में
मेरे सपने उलझ जाते हैं
इसकी जगमग रोशनी से
गाँव की ढिबरी जैसे
राह नहीं दिखाते
इसके लैम्प पोस्ट
घर लौटते राहगीर को
थके निराश लोग बैठते हैं
इसकी बेंचों पर
जिनकी किसी को प्रतीक्षा नहीं
एक ट्रेन लौटती है
इस शहर से

मेरे जैसों के लिए
शहर बनाये जिन्होंने
पर शहर नहीं बन सका
जिनके लिए।

देह

सीधा सा तिलिस्म है
हमारी देह
जिसका स्पंदन
जैसे आया है
जाएगा वैसे ही
इसी में कहीं रहते हैं हम
जिसे ढूँढ़ते हर पल
भटकते रहते हैं
एक से दूसरी देह
हर चेहरा अर्थवान है
अपनी सी है
हर दृष्टि
इसलिए
एक से होते हैं गंतव्य
एक से ही होते हैं
प्रस्थान बिन्दु
कई बार
कोई मरना नहीं चाहता युवा
बूढ़ा भी होना कौन चाहता है?
कौन गाता है
बूढ़ों के गीत
बूढ़ा कवि भी तो
गाता रहता है
गीत जवानी के ही।

रैन बसेरा

शहर के व्यस्ततम फ्लाईओवर के नीचे
चाट अण्डा मूँगफली ठेलों की महक और
चौतरफ़ा ट्राफिक शोर के बीच
शाम को साढ़े आठ बजे ही सो गए थे
रैन बसेरे में तीन मजदूर
शहर घर पहुँचने की जद्दोजहद में था
उनकी गहरी नींद योजन पार कर चुकी थी
एक पीठ के बल हाथों को फैलाए
खुले मुँह खर्राटे ले रहा था
दूसरे के दोनों हाथ पेट पर थे
तीसरे ने भींच रखी थी रजाई
मैंने पढ़ रखा है
रात के इस हिस्से की नींद
स्वप्न विहीन होती है
इसीलिए प्रेमी और कवि
नहीं सोते रात के प्रथम प्रहर में
बल्ब की टिमटिमाती रोशनी में
राजसी बिस्तर जैसे दिखते हैं
रैन बसेरे में करीने से बिछे गद्दे
पायताने रखी रजाइयाँ
इनमें राजाओं को दुर्लभ
नींद की सम्भावना है
बस सोने वाले के पास
कोई घर नहीं होना चाहिए
सुबह को काम पर जाते
रात को ट्रेन की प्रतीक्षा करते

दूर शहर से गाँव लौटते और
मेहमानों के आने पर
दोस्त के यहाँ सोने के
बहाने से निकले लोग
सभी आते हैं यहाँ
सुगंधित नींद की तलाश में
सर्दियों के बीत जाने पर
रैन बसेरों के बाशिंदे
जब गुजरेंगे इस शहर से तो
क्या इन्हें याद आएँगे
ये रैन बसेरे और
इनकी स्वप्न विहीन नींद
एक ही शहर के
अलग-अलग रैन बसेरों में
रात गुजारने वाले लोग
क्या बता पाएँगे अगले साल कि
किस रैन बसेरे में आई थी
सबसे अच्छी नींद।

प्रतीक्षा

मेरी पचहत्तर वर्षीया माँ के लिए
कोई नहीं बचा
मायके ससुराल में स्त्री दोस्त
मायके के नाम से
पुकारने वाली सास
या रंग-रूप के ताने देने वाली
देवरानी-जेठानी या बुआ सास
मायके की सखियाँ
एक-एक कर चली गईं
पता नहीं
जीवित हैं अपनी ससुराल में या नहीं
माँ-पिता कब के जा चुके
अब माँ को भी
प्रतीक्षा रहती है
अस्सी वर्षीय पिता के बचे-खुचे दोस्तों
और उनकी शेष होती कहानियों की
जिन्हें दुहराते हैं पिता
उनके जाने के बाद
हर रोज
मैं सोचता हूँ
क्या जीवन
प्रतीक्षा रह जाता है अन्ततः
और मृत्यु
उसका खत्म हो जाना।

यात्रा-मार्ग

रात के ग्यारह बजे
शहर के व्यस्ततम राजमार्ग के
फुटपाथ पर लोहे के जालीदार दरबे में
आज की अनबिकी मुर्गियाँ
सो गई हैं
उनके सपनों में
कल की यात्रा के मार्ग हैं।

बात

भीड़ में उठने की
कोशिश करता हाथ
करना चाहता
एक सार्थक संकेत
बन्द हो रही आँखें
दिखाना चाहती है
सबसे गोपन दृश्य
हकलाती जबानें अक्सर
बोलना चाहती हैं
कोई सच्ची बात
परित्यक्ताओं की माँग में
क्यूँ दिखता है
सुर्ख चटक सिन्दूर
खुशियों के आसपास
मँडराती हैं
अनदेखी शत्रुताएँ।

स्त्रियाँ

स्त्रियाँ अक्सर
अलग रहती हैं
अपनी देह से
पुरुष अक्सर
प्रवेशित होते हैं
स्त्री विहीन देह में
शून्य में ताकती स्त्री
बहुत दूर होती है
पुरुष-स्पर्श से
स्त्री अनुपस्थित रहती है
देह के रास्ते पर अक्सर
कभी-कभी
आत्ममुग्ध दिखने वाली स्त्रियाँ
राह खोज रही होती हैं
आईने से होकर
बहुत दूर निकल जाती हैं
अपने होने के कारण तलाशतीं
छोटे बालों वाली स्त्री ने
छुटकारा पाया है
एक अर्थहीन दिनचर्या से
जटाजूट साधु की तरह
सोलह श्रृंगार
सोलह रूप हैं स्त्री के
उदासी सत्रहवाँ श्रृंगार है
अनचाहे स्पर्शों से गुजरती स्त्री देह
उदास होती है अक्सर

स्त्रियाँ
केवल खुशियाँ हैं
अधिकांश के लिए
शेष के लिए
सृष्टि की सदाशयता का
प्रकट रूप
वस्तुतः स्त्री
दर्द की जमीन पर
पूरी सुन्दरता के साथ बहती
नदी है।

निजता

प्रणय
शिकार
उड़ान में
पक्षियों कि तस्वीरें
निजता का उल्लंघन नहीं
तो और क्या हैं?

हिसाब

अपने दो-तिहाई हिस्से पर
खारे समुद्रों वाली धरती
कैसे रखती है
मेरे दो अश्रु बूँदों का हिसाब
जहाँ हर कोई कहना चाहता है
चीखते हुए अपनी बात
कौन पढ़ता है
मेरे मौन की सांकेतिक भाषा
जब बाँटना और सहेजना हो
एकमात्र लक्ष्य
किसे समझाता
कितना अच्छा होता है
अपना हक छोड़ देना।

अनुपयुक्त

मैं पीता हूँ
उनका दूध
गायों को नहीं पता
मैं पीता हूँ
उनके हिस्से का भी दूध
बछड़ों को नहीं पता
बछड़े जन्मना अनुपयुक्त हैं
गायें होंगी धीरे-धीरे
मैं अनुपयुक्त रहा
शुरू से ही
उनके लिए।

प्रेम यात्राएँ

निपट एकान्त से चलकर
एकान्त तक जाती हैं
प्रेम यात्राएँ

भूख-प्यास-अभाव के पड़ावों पर
रुकती, ऊर्जित, संकल्पित होतीं
बढ़ती रहती हैं

कहीं बीच में आता है
देह का पड़ाव
आदिम रक्त से लथपथ
जंक्शन की तरह

राह बदलती यात्राएँ
मार्ग भटक कर बार-बार
पुनः लौटती हैं
एकान्त की ओर
लौटती हैं अनगिन बार

देह पर अटकी यात्राएँ
देख नहीं पातीं
प्रेम यात्रा का अन्तिम एकान्त

जहाँ भौतिक कारकों से उपजा प्रेम
लोक से इतर जीता हुआ
पारलौकिक होता जाता है

अकेलापन और इन्तजार
कभी नहीं लौटने वालों का भी

प्रेम में कहाँ देख पाती है
केवल उम्मीद से शुरू हुई
प्रेम यात्राएँ।

घोड़ा

कभी न कभी
मुक्त होगा
वह घोड़ा भी
जिसकी रास पकड़कर
मोटरसाइकिल पर बैठा था
उसका सवार
फ्लाइओवर पर चढ़ते
फूल रही थीं साँसें
मोटरसाइकिल की
घोड़े की गति भी
दुलकी से सरपट हो रही थी
मोटरसाइकिल के काले होते धुएँ में
साइलेंसर की फटती आवाज ही
गति संकेत थी
घोड़े के लिए
घोड़ों की नस्ल
तैयार की जा रही है
एक नई दौड़ के लिए।

प्रेम

क्या सोचने से
हो जाता है
प्रेम
फिर प्रेम में इतना
सोचना क्यों पड़ता है।

दरअसल

दरअसल
मैं भागता हुआ आदमी हूँ
जहाँ भी जाता हूँ
वहीं मिलती है
दुनिया

दरअसल
मैं उनींदा आदमी हूँ
जब भी सोता हूँ
घेर लेते हैं
दु:स्वप्न

दरअसल
मैं बेकार आदमी हूँ
जो भी मिलता है
पूछता है
हुनर

दरअसल
मैं असफल प्रेमी हूँ
जब भी प्रेम करता हूँ
बदल जाता है
कारोबार।